Brennpunkt

EXAMINATION LISTENING
Student Workbook

Alan Seaton & Ulli Neuhoff

Nelson

Thomas Nelson & Sons Ltd
Nelson House
Mayfield Road
Walton-on-Thames
Surrey KT12 5PL
United Kingdom

© Alan Seaton and Ulli Neuhoff 1998

The right of Alan Seaton and Ulli Neuhoff to be identified as authors of this work has been asserted by them in accordance with the Copyright, Design and Patents Act 1988.

First published by Thomas Nelson & Sons Ltd
1998

ISBN 0-17449074-7

9 8 7 6 5 4 3 2
02 01 00 99 98

Acknowledgements
Commissioning and Development – Clive Bell
Editorial and Design – Michael Spencer
Cover Design – Liz Rowe
Production – Gina Mance

All rights reserved. No part of this publication may be reproduced, copied or transmitted in any form or by any means, electronic or mechanical, including photocopy, recording, or any information storage and retrieval system, without permission in writing from the publisher or under licence from the Copyright Licensing Authority Ltd, 90 Tottenham Court Road, London W1P 9HE.

Printed in China.

Contents

(Side One)	page
1 Wer sind wir? Hörtexte 1–3	4
2 Zusammen oder allein? Hörtexte 4–6	5
3 Pause machen! Hörtexte 7–10	7
4 Die Qual der Wahl? Hörtexte 11–13	9
5 Heimat! Hörtexte 14–16	11
6 Leib und Seele Hörtexte 17–20	14
7 Geld regiert die Welt Hörtexte 21–23	16

(Side Two)	page
8 … und nichts als die Wahrheit Hörtexte 24–26	18
9 Warum in aller Welt? Hörtexte 27–29	20
10 Alle Menschen sind gleich … Hörtexte 30–31	22
11 Damals … Hörtexte 32–33	23
12 Von mir aus … Hörtexte 34–36	24
13 Unter dem Einfluß … Hörtexte 37–41	27
14 Drück dich aus! Hörtexte 42–43	29
15 Es liegt an uns! Hörtexte 44–45	31

Introduction

This cassette and workbook have been developed to help you to prepare for the listening section of your advanced-level German examination and can be used on a self-study basis. The German news stories on the cassette match the topics in **Brennpunkt** and you will see from the contents list opposite that there are usually at least three recorded items for each chapter of the course. The practice exercises in this workbook are similar to the tasks in your exam. The cassette transcripts and answers to the exercises are in the Teacher's Book and these can be photocopied for you by your teacher, if appropriate.

The items for each chapter have been GRADED BY LEVEL OF DIFFICULTY as follows:

Chapters 1–6

- The FIRST item in chapters 1–6 has a VOCABULARY LIST on the page, to support you, plus a special INTRODUCTION, which is on the cassette and on the page. These items also have SIMPLER EXERCISES and can be tackled in the first few weeks of your course.

- The SECOND item (and the third, if there are four altogether) has a VOCABULARY LIST, but NO INTRODUCTION. If you find the first item in the chapter fairly easy, you might want to have a go at the second one, or wait until later in your course.

- The FINAL item in the chapter has NO VOCABULARY LIST and NO INTRODUCTION. It is designed to be as much like your examination as possible and you may want to wait until the last few months before your exam before tackling it. You could use it for revision.

Chapters 7–15

- As you will probably be well into your course when you work on these chapters, there are NO INTRODUCTIONS to these recordings. However, all but the final item in each chapter has a VOCABULARY LIST, for support. As with the earlier chapters, the FINAL item has NO VOCABULARY LIST and is intended for you to use when you are ready to try some "mock" exam questions.

Note: Some of the longer recordings have been divided into more than one section, with a different exercise for each section. A tone on the cassette tells you when you have reached the end of a section. Many exam boards use the same technique.

Most advanced-level examinations allow candidates to use dictionaries during listening tests. However, you will not have much time in a listening exam to look up words, so it is a good idea to get yourself used to being selective about using a dictionary when you are working through these materials. Ask your teacher for information on your exam board's regulations about using dictionaries, how often each recording will be played or whether you will be using a personal stereo and how long the listening exam will last. The more you know what to expect, the better prepared you can be!

Viel Spaß!

1 Wer sind wir?

1 Die Jugend von heute

Vokabeln und Bemerkungen

gesundheitsbewußt	*health conscious*	die Umfrage (-n)	*questionnaire*
häufig	*often, frequently*	die Folge (-n)	*consequence*
verantwortungsvoll	*responsible*	im Durchschnitt	*on average*
die Eßgewohnheiten (Pl.)	*eating habits*	der Getränkemarkt (¨e)	*drinks store*
		der Wissenschaftler (-)	*scientist*
am Vortag	*on the previous day*	der Ruf (-e)	*reputation*

Einleitung: Sie hören nun einen Beitrag über eine neue Universitätsstudie, in der sich die Jugend von heute als gesundheitsbewußter und verantwortungsvoller als vor zehn Jahren zeigt.

Hören Sie sich den Beitrag an.

Aufgabe 1

Bringen Sie die folgenden Sätze in die Reihenfolge, in der sie im Beitrag auftauchen.

- **a** Teenager haben heute einen besseren Ruf als man denkt.
- **b** Teenager sind nicht so oft krank wie früher.
- **c** Teenager haben vor zehn Jahren nicht so sehr auf ihre Gesundheit geachtet wie heute.
- **d** Teenager sind heute in Sachen Hygiene aufmerksamer als früher.
- **e** Alkoholische Getränke werden dort gekauft, wo sie billiger sind.
- **f** Jugendliche ernähren sich weniger von Fertig- und Schnellgerichten.
- **g** Eine kleinere Anzahl der heutigen Teenager greift zu alkoholischen Getränken.
- **h** Früher haben mehr als 30% aller Teenager täglich fettreiche Produkte zu sich genommen.
- **i** Die frühere Generation war körperlich nicht so aktiv.
- **j** Teenager brauchen heute weniger zahnärztliche Behandlung.

2 Der Mode verfallen

Vokabeln und Bemerkungen

das Opfer (-)	*victim*	die Markengläubigkeit	*devotion to a brand*
etwas (Dat.) verfallen sein	*to become a slave to something*	entwickeln	*to develop*
der Modeschöpfer (-)	*fashion designer*	das Selbstbewußtsein	*self-confidence*
verlangen	*to ask, demand*	verunsichern	*to unnerve, make uncertain*
die Unsumme (-n)	*enormous sum*		
zur Verfügung haben	*to have at one's disposal*	sich anpassen	*to fit in, adapt*
		sich verstecken	*to hide*

Hören Sie sich den Beitrag an.

Aufgabe 1

*Welche Antwort ist textgemäß die richtige, **a** oder **b**?*

1. **a** Jungen legen mehr Wert auf Designerkleidung als Mädchen.
   b Mädchen legen mehr Wert auf Designerkleidung als Jungen.
2. **a** Ein T-Shirt von Calvin Klein muß kühl auf der Haut sein.
   b Ein T-Shirt ohne Markenzeichen gilt bei Jungen als „uncool".
3. **a** Die meisten Jugendlichen können sich solche Modesachen von ihrem Taschengeld kaum leisten.
   b Die meisten Teenager bekommen sowieso viel zu viel Taschengeld.

4 a Mädchen sind stärker von Markengläubigkeit betroffen als Jungen.
  b Jungen haben im Vergleich zu Mädchen keine so klare Vorstellung, wie man sich als Individuum kleidet.
5 a Psychologen glauben, daß Mädchen heute genauer wissen, was sie wollen.
  b Psychologen glauben, daß die vielen Girl-Groups Jungen unsicher machen.
6 a Mit Designerkleidung protestieren die Jungen gegen die Erwachsenenwelt.
  b Psychologen meinen, daß Jungen nicht mehr auffallen wollen.

3 Horoskop

Hören Sie sich den ersten Teil des Beitrags an.

Aufgabe 1

Welche Aussagen sind textgemäß richtig (✔) und welche sind falsch (✘)?

Wassermann:
 1 Sie haben äußerst positive Charakterzüge.
 2 Am Arbeitsplatz ist alles ruhig, die tägliche Routine.
 3 Achtung! Nichts unterschreiben.
 4 In Geldangelegenheiten läuft alles bestens.
 5 Geduld ist in Ihrer Beziehung jetzt wichtig.

Krebs:
 6 Sie sind unternehmungslustig und haben Sinn für Humor.
 7 Der Herbst bringt aber eine Krankheit.
 8 Bei älteren Menschen gilt das Motto: „Vorbeugen ist besser als heilen".
 9 Einfühlungsvermögen an der Arbeit sowie zu Hause ist angebracht.
 10 Es ist Zeit, das Schlafzimmer zu renovieren.

Hören Sie sich nun den zweiten Teil des Beitrags an.

Aufgabe 2

Schreiben Sie eine Zusammenfassung der beiden anderen Horoskope unter den folgenden Stichwörtern:

Zwillinge:
  Charakterzug – Liebe – Geld – Junge Menschen
Steinbock:
  Charakterzug – Was sollte man tun? – Was sollte man nicht tun?

2 Zusammen oder allein?

4 Das elektronische Ende einer Beziehung

Vokabeln und Bemerkungen
  die Entfernung (-en) *distance*
  an der menschlichen Wärme fehlen *to lack the human touch*
  die Beziehung (-en) *relationship*
  der Entschluß (¨sse) *decision*
  einen Korb bekommen *to be stood up*

Einleitung: Elektronische Post ist schnell, praktisch und auch über große Entfernungen relativ billig. Aber vielleicht fehlt es bei E-Mail-Nachrichten an der menschlichen Wärme.

2

Aufgabe 1

Ergänzen Sie die Zusammenfassung logisch dem Hörtext gemäß. Sie dürfen Wörter aus dem Originaltext benutzen, wenn sie am besten passen.

Richard und Susi hatten ihre ...(1)... in San Franzisko und eine ...(2)... ins Nappa Valley geplant. Aber kurz davor ...(3)... Richard seinen Computer an, und fand ein ...(4)... von Susi. Normalerweise schickte sie jede ...(5)... einen ...(6)... aus Köln, aber diesmal fand Richard stattdessen einen elektronischen ...(7)... : Seine ...(8)... wollte für immer in Köln bleiben. Richard war ...(9)... . Sie kannten sich schon seit ...(10)... Jahren und hatten viel zusammen erlebt: ...(11)... Urlaube, ...(12)... Gespräche, die ...(13)... Tasse Kaffee. Aber jetzt war alles ...(14)... .

Aufgabe 2

Erklären Sie in einem Satz, was Richard in dieser Geschichte am meisten getroffen hat.

5 Single-Haushalte voll im Trend

Vokabeln und Bemerkungen

nach der Jahrtausendwende *after the turn of the millenium*
voraussagen *to predict*
die Behörden (Pl.) *authorities*
bundesweit *nationwide, across the republic*
der Alleinstehende (-n) *single person*
das Dasein *existence*
die Zunahme (-n) *increase*
zur Zeit *at present*
der Anteil (-e) *the number, proportion*
steigen *to rise*
abnehmen *to decrease*

Aufgabe 1

Füllen Sie die Tabelle mit den Informationen aus dem Hörtext aus.

	1996	2015
Zahl der Single-Haushalte		
% der Zweipersonenhaushalte		

Aufgabe 2

Beantworten Sie folgende Frage auf deutsch.

Welche Tendenz hat die Zahl der Haushalte mit drei und mehr Personen?

6 Der älteste Mensch der Welt

Aufgabe 1

Hören Sie sich den ersten Teil dieses Beitrags an. Geben Sie dann an, welche Bedeutung die untenstehenden Zeitpunkte im Lebenslauf von Jeanne Calment hatten.
ACHTUNG: Die Daten sind in der Reihenfolge aufgelistet, in der sie im Text auftauchen.

1 122 Jahre alt z.B. Jeanne Calment ist gestorben.
2 21. Februar 1875
3 13 Jahre alt
4 39 Jahre alt
5 69 Jahre alt
6 im Jahre 1941
7 im Jahre 1934
8 80 Jahre alt
9 90 Jahre alt
10 im Jahre 1995

Aufgabe 2

Nun hören Sie sich den zweiten Teil des Beitrags an und beantworten Sie folgende Fragen auf deutsch.
1 Was war Jeanne Calments einfaches Rezept zum Altwerden? [4]
2 Welche Erklärung für ihr unwahrscheinliches Alter haben einige Wissenschaftler gefunden? [4]
3 Was hat Jeanne Calment im Alter von 110 entschieden?
4 Wer hält jetzt den Altersweltrekord? [3]

3 Pause machen!

7 Neues Urlaubsziel im Atlantik

Vokabeln und Bemerkungen

außergewöhnlich   *extraordinary*
entdecken   *discover*
das Touristenziel (-e)   *holiday destination*
der Vulkan (-e)   *volcano*
die Sehenswürdigkeit (-en)   *tourist sights, places of interest*

die Übernachtung (-en)   *overnight stay*
heuer   *this year*
urig   *ethnic*
knapp   *in short supply*
der Ausflug (-¨e)   *day trip*
empfehlenswert   *to be recommended*

Einleitung: Für viele Deutsche ist der Urlaub am Mittelmeer jetzt schon langweilig. Also suchen sie sich immer außergewöhnlichere Touristenziele aus, wo sie vielleicht etwas Neues entdecken können.

Aufgabe 1

Ergänzen Sie die Zusammenfassung dem Beitrag gemäß! Sie dürfen Wörter aus dem Originaltext benutzen, wenn sie am besten passen.

Das neueste Touristenziel für Deutsche ist ...(1)... , eine Insel, deren Sehenswürdigkeiten Vulkane, heiße ...(2)... , Geysire und ...(3)... sind. Dieses Jahr kamen über ...(4)... . Hauptsächlich waren es junge Paare ...(5)... Kinder, die gerne in der ...(6)... Urlaub machen. Deswegen gab es ...(7)... Betten als im vorigen Jahr. Wer aber die Insel hautnah erleben will, braucht kein Hotel sondern ...(8)... und ...(9)... . Ausflüge kann der Tourist mit Jeeps, auf kleinen ...(10)... oder mit einem ...(11)... machen. Aber nicht vergessen: Auch wenn das Wetter im Sommer manchmal ...(12)... ist als in ...(13)... , ist ...(14)... empfehlenswert.

8 Mode für Handy-Besitzer

Vokabeln und Bemerkungen

das Handy (-s)   *mobile telephone*
griffbereit   *ready to hand*
verstauen   *to stow away*
der Gürtel (-)   *belt*
die Marktlücke (-n)   *gap in the market*
der Modeschöpfer (-)   *fashion designer*
die Ausrüstung (-en)   *equipment*

Aufgabe 1

Welche Aussagen sind textgemäß richtig (✔) und welche sind falsch (✘)?
1. Bei Businessleuten gehört das Mobiltelefon zur Standardausrüstung.
2. Ein Problem bei Geschäftsleuten: Sie denken oft nicht daran, das Handy mitzunehemen.
3. Die modischsten Mobiltelefone haben die Form einer Pistole.
4. Sogar bei den edelsten Anzügen gibt es Probleme, das Handy einzustecken.
5. Ab Herbst können Männer eine besondere Herrentasche für das Handy kaufen.
6. Die neue Herbstmode bringt zum ersten Mal Anzugshosen mit einer zusätzlichen Tasche für das Handy.

9 Traurige Unfallstatistiken

Vokabeln und Bemerkungen

der Kreis (-e)   *district*
ums Leben kommen   *to be killed*
bereits   *already*
sich fortsetzen   *to continue*
die Zunahme (-n)   *increase*
steigen (auf)   *to rise (to)*
die Ursache (-n)   *cause*
von einer Strecke abkommen   *to come off a stretch of road*
der PKW-Fahrer (-)   *car driver*
der Beifahrer (-)   *passenger*
gering   *small, modest*
langfristig   *long-term*
die Maßnahme (-n)   *measure, step*

Hören Sie sich jetzt den Beitrag an.

Aufgabe 1

Beantworten Sie folgende Fragen auf deutsch.
1. Was ist das Ergebnis der traurigen Statistik für die ersten neun Monate des Jahres?
2. Welchen Trend hat die Landespolizeidirektion Tübingen in den vergangenen zwei Jahren entdeckt?
3. Wie viele Menschen sind schon in diesem Jahr im Kreis Freudenstadt im Straßenverkehr ums Leben gekommen?
4. Welche drei Gründe werden als Hauptursache für die relativ hohe Anzahl von Unfällen bei jungen Fahrern gegeben?
5. Wann werden die meisten tödlichen Unfälle gebaut?
6. Welcher Prozentsatz aller Verkehrstoten sind
   a PKW-Fahrer?
   b Beifahrer?
   c Fußgänger und Radfahrer?
7. Welche Maßnahmen hat die Polizei getroffen, um die Verkehrssicherheit zu erhöhen?
8. Wie erfolgreich ist diese Initiative gewesen?
9. Auf welche langfristige Aktion legt die Polizei viel wert?

10 Neue Fahrradregeln

Aufgabe 1

Schreiben Sie dem Beitrag gemäß eine Zusammenfassung der neuen Fahrradregeln, indem Sie diese Tabelle mit den nötigen Informationen ausfüllen.

Fahrradregeln ab 1. September		
jünger als 8 Jahre alt	8–10 Jahre alt	über 10 Jahre alt
…(1)…	dürfen den Gehweg benutzen, oder … …(2)…	…(3)… oder …(4)…
Darf man zukünftig in eine ausgeschilderte Einbahnstraße gegen den Autoverkehr fahren?		
nein	…(5)…	…(6)…

4 Die Qual der Wahl?

11 Germanistik an britischen Unis

Vokabeln und Bemerkungen

das Verhältnis (-se) *relationship*
abhängig von *dependent on*
die Wiedervereinigung (-en) *re-unification*
die Einführung (-en) *introduction*
die gemeinsame Währung *common currency*
ausländerfeindliche Anschläge *racial attacks*
beeinträchtigen *to damage, detract from*

die Verflechtung (-en) *involvement, integration*
geringer *smaller, less*
das Verständnis (-se) *understanding*
der Angestellte (adj. noun) *employee*
die Besonderheit (-en) *peculiarity*
die Vertragsverhandlung (-en) *negotiation of a contract, deal*
entwickeln *to develop*

Einleitung: Sie hören nun einen Bericht über das Fach Deutsch an britischen Universitäten. Wie Sie jetzt wohl feststellen werden, ist das Verhältnis britischer Studenten zu Fremdsprachen von verschiedenen Faktoren abhängig.

Aufgabe 1

Bringen Sie die folgenden Sätze in die Reihenfolge in der Sie sie in dem Bericht hören.

a Briten studieren lieber andere Fremdsprachen als Deutsch.
b Britische Firmen brauchen Studenten, die sich in der Kultur eines Landes auskennen.
c Literatur und Grammatik sind nicht so beliebt wie früher.
d Die Universitäten haben einen anderen Lehrplan für Deutsch entwickelt.
e Heute sind die Deutschkurse an manchen Universitäten teilweise unterbesetzt.
f Man hat kein so gutes Bild von Deutschland wie im Jahr 1990.

Aufgabe 2

Beantworten Sie folgende Fragen auf deutsch. Der Anfang Ihrer Antwort wird meist angegeben.

1 Welche Folge hatte die Wiedervereinigung Deutschlands 1990 für britische Universitäten?
   Das Fach Deutsch ist …

2 Welches Problem haben jetzt die kleinen Universitäten?
Die Deutschkurse ...
3 Geben Sie drei Beispiele für das schlechte Image Deutschlands und der Deutschen.
4 Warum hält es der Autor für merkwürdig, daß Briten lieber Französisch oder Spanisch studieren wollen?
Der Kontakt zu diesen Ländern ist ...
5 Wie haben manche Universitäten den Lehrplan für Deutsch geändert?
Im Vordergrund ...
6 Was ist bei Vertragsverhandlungen in vielen Firmen gefragt?
Angestellte, die ...

12 Ausbildungsplatz-Initiative
Vokabeln und Bemerkungen

die Ausbildung (-en)	training	die Handwerkerinnung	craftsman's guild
unzählig	countless	anwerben	to take on, employ
das Einstellungsgespräch (-e)	job interview	schaffen	to create
jdm. zur Seite stehen	to stand alongside s.o., to help s.o.	abbauen	to get rid of
		die Unterstützung	support
die Vermittlung (-en)	mediation	die Druckerei (-en)	printer's
die Betreuung (-en)	care, looking after	probeweise	as a trial
		die Lehrstelle (-n)	apprenticeship

Hören Sie sich den ersten Teil des Beitrags an.

Aufgabe 1
Ergänzen Sie die Zusammenfassung dem Beitrag gemäß. Sie dürfen Wörter oder Ausdrücke aus dem Originaltext benutzen, wenn sie am besten passen.
Nach unzähligen ...(1)... und ...(2)... Einstellungsgesprächen hat Bernhard Gabel immer noch keinen ...(3)... als ...(4)... . Aber jetzt hilft ihm eine persönliche ...(5)... , die unter anderem mit ihm ...(6)... , wie man sich bei einem Einstellungsgespräch ...(7)... soll. Beide hoffen, bis zum ...(8)... eine Stelle gefunden zu haben.

Hören Sie sich nun den zweiten Teil des Beitrags an.

Aufgabe 2
Beantworten Sie folgende Fragen auf deutsch.
1 Was sind die Kernelemente dieser Ausbildungsplatz-Initiative? [2]
2 Welche Menschen werden als Ausbildungspaten angeworben? Nennen Sie drei Beispiele. [3]
3 Wodurch sollen zusätzliche Ausbildungsplätze geschaffen werden?
4 Wie viele Jugendliche suchen im Raum Rheinhessen zur Zeit noch eine Lehrstelle?
5 Inwiefern könnte eine persönliche Betreuung diesen Jugendlichen helfen? Nennen Sie ein Beispiel.

Hören Sie sich nun den dritten Teil des Beitrags an.

Aufgabe 3
Beschreiben Sie unter den folgenden Stichwörtern, wieviel Erfolg die Unterstützung für Bernhard Gabel gebracht hat:
Druckerei – Vorstellungsgespräch – Probearbeit – Lehrstelle

13 Abitur ist nicht mehr alles

Hören Sie sich den ersten Teil des Beitrags an.

Aufgabe 1

Welche Aussagen sind textgemäß richtig (✔) und welche sind falsch (✘)?

1 Deutsche Studenten sind heute in der Allgemeinbildung nicht mehr so gut wie frühere Generationen.
2 Im Gymnasium ist die Vorbereitungszeit für das Abitur zu schnell vorbei.
3 Es gibt schon seit langem zusätzliche Eignungsprüfungen für die Universität.
4 Die Professoren sind mit dem alten Verfahren ganz zufrieden.
5 Die Abiturnote ist kein guter Maßstab für die Begabung eines Schülers in einem bestimmten Fach.
6 Die Professoren dürfen ab diesem Semester einige Studienplatzbewerber zurückweisen.
7 Nur 40% der neuen Studenten dürfen sich selber eine Fakultät aussuchen.
8 60% aller Studenten bekommen einen Studienplatz nach ihrer Abiturnote.

Hören Sie sich jetzt den zweiten Teil des Beitrags an.

Aufgabe 2

Ergänzen Sie die Zusammenfassung logisch dem Text gemäß. Sie dürfen Wörter aus dem Originaltext benutzen, wenn sie am besten passen.

In Heidelberg wurden an einem Tag ungefähr ...(1)... Bewerber für das Fach ...(2)... von sieben Professoren geprüft. Jeder Kandidat mußte in ...(3)... Auswahlgesprächen ihre ...(4)... und ...(5)... beweisen. Das Verfahren war ein Erfolg: Die Professoren waren sich alle über mindestens ...(6)... Studenten einig, die extrem gut ...(7)... für das Fach waren, die aber ...(8)... das Auswahlgespräch keinen ...(9)... bekommen hätten. Selbst die bestgeeignete Kandidatin hatte das Abitur mit einem Notendurchschnitt von nur ...(10)... bestanden.

5 Heimat!

14 Die Amish von Pennsylvania

Vokabeln und Bemerkungen

sich niederlassen *to settle*
grob *coarse*
handgewebt *hand-woven*
Haken und Ösen *hooks and eyes*
ablehnen *to reject*
der Mähdrescher (-) *combine harvester*
auf etwas verzichten *to do without sth.*

die Überzeugung (-) *conviction, belief*
verfolgen *to persecute*
der Kriegsdienst *military service*
Unterkunft und Verpflegung *board and lodging*
der Freizeitpark (-s) *theme park, amusement park*
sich leisten *to afford*

Einleitung: Deutsch wird nicht nur in Deutschland, Österreich und der Schweiz gesprochen. Vor mehr als 200 Jahren hat eine religiöse Gruppe die Schweiz verlassen, um sich in den USA niederzulassen und ihren Lebensstil zu bewahren.

Hören Sie sich den ersten Teil des Beitrags an.

Aufgabe 1

Ergänzen Sie den Text dem Beitrag gemäß.

Es ist ein sehr ...(1)... Deutsch, das mitten in Pennsylvania von rund ...(2)... Menschen gesprochen wird. Deutsche Touristen haben oft ...(3)... , überhaupt etwas zu verstehen. Wenn moderne Menschen auf die Amish-People treffen, sind sie häufig ...(4)... . Die Zeit scheint bei ihnen ...(5)... zu sein.
Sie wirken wie aus dem ...(6)...: Die Männer mit langem ...(7)... und Hut, die Frauen mit ...(8)... und ...(9)... Gesicht. Ihre ...(10)... ist aus grobem, handgewebtem Wollstoff und wird mit ...(11)... und Ösen zusammengehalten. ...(12)... – eine Erfindung des 20. Jahrhunderts – lehnen die Amish als modernes ...(13)... ab. Auch auf Maschinen wie ...(14)... und Mähdrescher wird verzichtet. Sie sind traditionsbewußte ...(15)... , die ihre Äcker mit Pferd und ...(16)... bearbeiten.

Hören Sie sich nun den zweiten Teil des Beitrags an.

Aufgabe 2

Beantworten Sie folgende Fragen auf deutsch.

1 Warum haben die Amish die Schweiz verlassen?
2 Was lehnen die Amish aus religiösen Gründen ab? Geben Sie drei Beispiele.
3 Welche beiden modernen Haushaltsgeräte findet man mittlerweile auch bei den Amish zu Hause?
4 Womit vergleichen Touristen die Dörfer der Amish?
5 Welche positive Auswirkung haben die Touristenmassen für das Leben der Amish im Winter?

15 Das Münchner Oktoberfest

Vokabeln und Bemerkungen

das Bierfaß (¨sser) *beer barrel*
anzapfen *to tap a beer barrel*
O'zapft is! *(Bav. dialect) 'the barrel has been tapped!'*
die Wies'n *Theresienwiese, a large area of open ground in Munich*
Augustiner *one of Munich's breweries*
das Bierzelt *beer-tent*
dicht *full*
das Fahrgeschäft (-e) *fun-fair ride*
verrückt *mad, wild, crazy*
heuer *this year*
die Achterbahn (-en) *roller-coaster*
der Looping *loop-the-loop*
gebührend *fittingly, properly*
die Tracht (-en) *traditional costume*
der Umzug (¨e) *procession*
der Ursprung (¨e) *origin*
Abertausende *thousands and thousands*
feiern *to celebrate*
der Einheimische (adj. noun) *local resident*
das Rote Kreuz *the Red Cross*
die Leiche (-n) *corpse*
ausnüchtern *to sober up*
die Sitte (-n) *custom*

Aufgabe 1

Wählen Sie jeweils die richtigen Zahlen aus dem Kasten.

2	5	10	60	800 000
3	7	12	1810	1 Million

1 Schläge gebraucht zum Anzapfen
2 Eröffnungszeit des Festes (Uhr)
3 Besucherzahl am ersten Wochenende
4 Preis für eine Maß Bier (DM)
5 Liter Bier verkauft am ersten Wochenende
6 Wie viele Looping hat die Achterbahn dieses Jahr?
7 Jahr der Gründung des Festes
8 Länge des Schützenumzugs (km)
9 Anzahl der Wagen
10 Dauer des Umzugs bis zur Theresienwiese (Std.)

Aufgabe 2

Welche Aussagen sind textgemäß richtig (✔) und welche sind falsch (✘)?

1 Seit dem Anfang des Oktoberfestes 1810 hat sich nicht viel verändert.
2 Am Anfang haben Bayern hauptsächlich unter sich gefeiert.
3 Jährlich kommen ungefähr 10 000 Besucher aus aller Welt.
4 Die meisten Touristen wollen hauptsächlich nur trinken, die Einheimischen nicht.
5 Das Rote Kreuz hatte schon am ersten Wochenende mit 36 Leichen zu tun.
6 Innerhalb von 90 Minuten hatte ein Besucher zuviel getrunken.
7 Die Polizei war mit dem Anfang des Festes sehr zufrieden.
8 Das Oktoberfest endet dieses Jahr am 5. Oktober.

16 Rechtschreibreform

Vokabeln und Bemerkungen

ins Schwitzen bringen *to make sweat*
das Ziel (-e) *aim, objective*
der Bindestrich (-e) *hyphen*
die Vereinfachung (-en) *simplification*
tüfteln an (Dat.) *to fiddle about with*
die Ausnahme (-n) *exception*
das Substantiv (-e) *noun*
das Verb (-en) *verb*
einheitlich *uniformly, in a standardised way*

die Einführung (-en) *introduction*
der Widerstand (¨-e) *resistance*
klagen *to complain*
die Schreibweise (-n) *spelling*
bedrohen *to threaten*
Front machen gegen (Akk.) *to oppose*
rechtlich verbindlich *legally binding*
die Behörden (Pl.) *authorities, officialdom*
der Neudruck *re-printing*

Hören Sie sich den ersten Teil dieses Beitrags an.

Aufgabe 1

Füllen Sie die Tabelle mit der alten bzw. der neuen Schreibweise aus.

alte Schreibweise	neue Schreibweise
Stallaterne	...(1)...
...(2)...	dass
radfahren	...(3)...

5–6

Hören Sie sich nun den ganzen Beitrag an.
Aufgabe 2

Beantworten Sie folgende Fragen auf deutsch.
1 Was hoffen Experten aus deutschsprachigen Ländern mit dieser Reform zu erreichen?
2 Welcher Buchstabe wird nicht so häufig gebraucht wie früher?
3 Warum fällt die Entscheidung einfacher, wie Substantiv und Verb kombiniert werden sollen?
4 Was ist die Meinung vieler Eltern zu der Reform? Nennen Sie zwei Einzelheiten. [2]
5 Warum schütteln die Experten verständnislos den Kopf?
6 Die Reform ist „nicht rechtlich verbindlich". Was heißt das in der Praxis für den normalen Bürger?
7 Warum wird die Reform für die Behörden eine teuere Angelegenheit? Geben Sie zwei Gründe an. [2]

6 Leib und Seele

17 In-Line-Fest

Vokabeln und Bemerkungen
der letzte Schrei   *the latest thing*
die Anmeldung (-en)   *entry, signing up*
zur Zeitmessung   *for recording (your) time*
verwenden   *to use*
die Vorführung (-en)   *performance*

Einleitung: In ganz Deutschland ist zur Zeit eine Sportart der letzte Schrei – In-Line-Skating – oder auf gut deutsch Rollschuhfahren. Sie hören jetzt einen Werbespot für den deutschen In-Line-Cup.

Hören Sie sich den Werbespot an.
Aufgabe 1
Füllen Sie diese Tabelle mit Informationen aus dem Hörtext aus.

Herzlich Willkommen		
beim ...(1)... deutschen In-Line-Cup auf dem ...(2)... Olympiagelände.		
Wann?	Was?	Weitere Information
...(3)...	Streethockey-Turnier	Spieler oder ...(4)...
...(5)...	Start des In-Line Marathons	Anmeldung kurz vor dem Start
10.30	...(6)... über 10km	Anmeldung ...(7)...
11.30	Fun-Runde über ...(8)...	
...(9)...	Half-Pipe-Shows und ...(10)...	
Jeder der mitmacht gewinnt ein ...(11)... .		
Am Start kann man den ...(12)... zur Zeitmessung kaufen oder ...(13)... .		
Im Skater-Dorf wird ...(14)... sowie ...(15)... verkauft.		

18 Trend zum Nichtrauchen
Hören Sie sich den Beitrag an.
Aufgabe 1
Füllen Sie die Tabelle mit den richtigen Informationen aus dem Hörtext aus.

Teenager in der Altersgruppe 14–15	1973	heute
Rauchen gelegentlich (%)		
Absolute Nichtraucher (%)		

19 Kaiserschmarrn
Vokabeln und Bemerkungen

das Mehl	*flour*	sich auflösen	*to dissolve*
rühren	*stir*	zerreißen/zerstückeln	*to chop up, tear into pieces*
flüssig	*runny*		
der Teig	*batter mixture*	bestäuben/bestreuen	*to sprinkle with*

Hören Sie sich dieses Rezept an.
Aufgabe 1
Füllen Sie dem Text gemäß die Lücken in diesem Rezept aus.

Zutaten: 3 ...(1)... Mehl
2 ...(2)...
... ...(3)... Sahne
... .(4)...... Milch
... .(5)...... Zucker

Zubereitung: Alle Zutaten zu einem flüssigen ...(6)... zusammenrühren, dann eine ...(7)... stehen lassen. In einer heißen gußeisernen ...(8)... . Butter zergehen lassen und dann ...(9)... ...(10)... Pfannkuchen goldbraun ausbacken. Die Pfannkuchen mit ...(11)... und ...(12)... zerstückeln und mit ....(13)......... Rosinen und ...(14)... bestreuen. Den Kaiserschmarrn sofort servieren – dazu paßt ein ... . (15)...

20 Anti-Diät-Tag
Aufgabe 1
Wählen Sie aus der Liste (a–j) die Buchstaben, die textgemäß zu den entsprechenden Satzhälften (1–6) logisch passen.

1 Der Anti-Diät-Tag ist
2 Das Ziel der Anti-Diät-Aktionen ist es,
3 Übergewichtige haben in Haßfurt
4 In Braunschweig haben dicke Menschen
5 Mehrere Hundert Mark wurden in Hamburg
6 Der Verein „Dicke in Deutschland" fordert Frauenzeitschriften auf,

a Altpapier gesammelt.
b eine englische Erfindung.
c gegen Diskriminierung und Vorurteile zu kämpfen.
d Diätbücher weggeworfen.
e für Diät- und Schlankheitsmittel gesammelt.
f für eine Obdachlosenküche gesammelt.
g mehr Diätrezepte abzudrucken.
h rund um die Welt in 12 Städten gefeiert worden.
i Dicke mit dicken Rosen begrüßt.
j schlanke Fotomodelle durch dicke zu ersetzen.

Aufgabe 2

Beantworten Sie folgende Fragen auf deutsch.
1. Wie lautet dieses Jahr das Motto des Vereins „Dicke in Deutschland"?
2. Übersetzen Sie das Motto ins Englische.

7 Geld regiert die Welt

21 Ganz unten

Vokabeln und Bemerkungen

der Obdachlose (adj. noun)	*homeless person*	bei Minusgraden	*below freezing point*
sich zerstreiten mit (Dat.)	*to have a row with*	die Heilsarmee	*Salvation Army*
das Wohnheim (-e)	*hostel*	betteln	*to beg*
das Ungeziefer	*vermin*	das Verständnis	*understanding, sympathy*
beklauen	*to have things stolen*	die Bevölkerung (-en)	*population, society*
der Karton (-s)	*cardboard box*	Konkurrenz machen	*to compete*
die Schultafel (-n)	*blackboard*	verstärken	*to strengthen*

Hören Sie sich den Beitrag an.

Aufgabe 1

Beantworten Sie folgende Fragen auf deutsch.
1. Wie kam es, daß Thomas Leitmooser vor sieben Jahren obdachlos wurde? [3]
2. Warum schläft er lieber draußen als im Obdachlosenwohnheim? [2]
3. Wo hat er seinen angestammten Platz gefunden?
4. Mit welchen Gegenständen baut er sein Schlafzimmer aus? [3]
5. Was ärgert ihn, wenn das Wetter sehr kalt ist? [2]
6. Wie verdient er täglich ein bißchen Geld?
7. Was kann er sich mit dem Geld leisten?
8. Bei welchem Wetter verdient er am meisten Geld?
9. Was ist durch „BISS" besser geworden?
10. Welche Änderung haben die Obdachloseninitiativen sich vorgenommen?

22 Steuerangebot für Reiche

Vokabeln und Bemerkungen

das Vermögen (-)	*fortune*	eine Milliarde (-n)	*a thousand million (a billion)*
versteuern	*to declare for tax puposes*	das Konto (-en)	*bank account*
die Einführung (-en)	*introduction*	reuig	*repentant, remorseful*
die Zinsabschlagssteuer (-n)	*tax on interest*	die Straffreiheit	*amnesty*
nicht zuletzt wegen	*not least because of*	gesetzestreu	*law-abiding*

Hören Sie sich den Beitrag an.

Aufgabe 1

Finden Sie aus dem Hörtext exakte Synonyme für die folgenden Begriffe.
1. viel Geld
2. überweisen
3. ein Land mit niedrigen Steuern
4. reiche Leute
5. investieren
6. jemand, der sein Geld nicht im Inland versteuert

Aufgabe 2

Beantworten Sie folgende Fragen auf deutsch. Der Anfang Ihrer Antwort wird jeweils angegeben.
1 Welche gemeinsame Idee haben Boris Becker, Steffi Graf und Michael Schumacher gehabt?
Sie haben alle drei ...
2 Was wurde 1993 in Deutschland eingeführt?
Die sogenannte ...
3 Warum werden Luxemburg, Liechtenstein und die Schweiz hier erwähnt?
In diesen Ländern ...
4 Warum hat die Regierung den Reichen eine Amnestie angeboten?
Um wenigstens ...
5 In welcher Höhe wird die Summe geschätzt, die in den vergangenen Jahren im Ausland angelegt wurde?
Ungefähr DM ...
6 Was hat die Regierung den Steuerflüchtigen zugesichert?
Reuige Steuerflüchtige werden ... bekommen.
7 Wieviel Prozent ihrer Zinserträge werden die Steuerflüchtigen zahlen müssen?
Sie werden ...
8 Wieviel Prozent müssen normale Sparer zahlen?
Sie müssen ...

23 Die Deutsche Bundesbank

Aufgabe 1

Hören Sie sich den ersten Teil des Beitrags an und finden Sie aus dem Text die deutschen Übersetzungen für die folgenden Ausdrücke heraus.

1 banknote
2 in circulation
3 counterfeit money
4 watermark
5 security thread
6 differing sizes

Aufgabe 2

Hören Sie sich den ersten Teil ein zweites Mal an, dann fassen Sie den Herstellungsprozeß von neuen D-Mark-Scheinen zusammen. Achten Sie dabei auf die folgenden Stichwörter:
Design – Schutz – Automaten – Sehbehinderte
Hören Sie sich nun den zweiten Teil des Beitrags an.

Aufgabe 3

Welche Behauptungen sind textgemäß richtig (✔) und welche sind falsch (✘)?
1 Die Bundesbank hat die Pflicht, für eine stabile Währung zu sorgen.
2 Der Bundeskanzler darf zu jeder Zeit eintreten.
3 Um die Wirtschaft anzukurbeln, druckt die Bundesbank einfach mehr Geld.
4 Die Bundesbank spielt eine Aufsichtsrolle für alle anderen Banken.
5 Ein privates Konto gibt es nur, wenn man riesige Mengen an Gold oder anderen Währungen hat.
6 Manchmal kauft die Bundesbank riesige Mengen von Dollar, um die Stabilität der D-Mark zu schützen.

8   ... und nichts als die Wahrheit

24 Fernseher, Computer und Gameboys

Vokabeln und Bemerkungen

der Analphabetismus   *illiteracy*
nach Ansicht   *in the opinion of*
jdm. etwas beibringen   *to teach someone sth.*
etwas verlernen   *to forget how to do sth.*
sich beschäftigen mit   *to use, to deal with*
sich verschärfen   *to intensify, get worse*
leiden   *to suffer*
verdrängen   *to replace, to oust*
die Folge (-n)   *consequence*
gefährdet   *endangered*
zunehmen   *to increase*
beeinflussen   *to influence*

Hören Sie sich den ersten Teil des Beitrags an.

Aufgabe 1

Welche Behauptungen sind textgemäß richtig (✔) und welche sind falsch (✘)?
1 Die Zahl der Analphabeten in Deutschland nimmt zu.
2 Es gibt zur Zeit in Deutschland ungefähr 2 Millionen sekundärer Analphabeten.
3 Sekundärer Analphabetismus betrifft Menschen, die Lesen und Schreiben nie gelernt haben.

Hören Sie sich nun den zweiten Teil des Beitrags an.

Aufgabe 2

Beantworten Sie folgende Fragen auf deutsch.
1 Wie wird das Familienleben durch Fernseher, Computer und Gameboys beeinflußt?
2 Warum werden Zeitungen und Bücher, laut Johannes Ring, immer weniger gelesen?
3 Herr Ring meint, daß diese Zusammenhänge bedenkliche Folgen haben könnten. Welche?
4 Ist diese Entwicklung in allen Industrieländern zu sehen?

25 Babys in der Werbung

Vokabeln und Bemerkungen

die Werbung   *advertising*
verzaubern   *to enchant*
der Zuschauer (-)   *viewer*
die Einschaltquote (-n)   *viewing figures*
die Anzeige (-n)   *small ad.*
anpeilen   *to target, aim at*
zur Verfügung haben   *to have at one's disposal*
einreden   *to persuade*
die Windel (-n)   *nappy*
der Brei   *broth*

Hören Sie sich den Beitrag an.

Aufgabe 1

*Wählen Sie aus der Liste (**a–j**) die Buchstaben, die textgemäß zu den entsprechenden Satzhälften (**1–6**) passen.*

1 Babys und Tiere sorgen dafür,
2 Werbefirmen in Hamburg suchen wöchentlich
3 Letztes Jahr haben Babys
4 Viele Mütter haben heute ein schlechtes Gewissen,
5 Die kleinen Fernsehstars versuchen Zuschauern einzureden,
6 In den ersten drei Lebensjahren

a daß für Kinder nur das Beste gut genug ist.
b weil sie für ihre Kinder nicht genug Geld haben.
c daß viele Zuschauer ihren Fernseher einschalten.
d haben Babys besonders süße Fettpölsterchen.
e mindestens DM176 Millionen verdient.
f weil ihre Kinder öfters alleine sind.
g kann man mit herzerweichendem Weinen viel Geld verdienen.
h Kleinkinder und Tiere für Spielfilme.
i für ein boomendes Werbegeschäft gesorgt.
j Kleinkinder für Werbespots.

Aufgabe 2

Beantworten Sie folgende Fragen auf deutsch.
Welche drei Beispiele werden als von Babys beworbene Produkte genannt? [3]

26 Sexismus im Internet

Hören Sie sich den ersten Teil des Beitrags an.

Aufgabe 1

Welche Aussagen sind textgemäß richtig (✔) und welche sind falsch (✘)?

1 Die Gerichte interessieren sich im Moment nicht für Verbrechensfälle im Internet.
2 Wegen der Geschwindigkeit von E-Mails werden sie psychologisch oft nicht mit geschriebenen Nachrichten gleichgesetzt.
3 Es ist sehr leicht, ein E-Mail aus Versehen an andere weiterzuleiten.

Hören Sie sich den zweiten Teil des Beitrags an.

Aufgabe 2

Bringen Sie die folgenden Sätze in die Reihenfolge, in der sie in dem zweiten Teil des Beitrags auftauchen.

Es fängt alles relativ harmlos an, dann:
a Immer mehr Büroangestellte bekommen einen Anschluß für E-Mail und Internet.
b Der Autor und die Firma sind für den Inhalt der E-Mails haftbar.
c Das E-Mail wird an eine größere Leserschaft weitergeleitet.
d Ein Kollege verleumdet eine neue Kollegin in einem E-Mail.
e Der Fall kommt vor Gericht.
f Juristen befürchten eine Zunahme von Diffamierungen und sexuellen Belästigungen.

Hören Sie sich den dritten Teil des Hörtexts an.

Aufgabe 3

Beantworten Sie folgende Fragen auf deutsch.
1 Welche Vorsichtsmaßnahmen werden von Firmen getroffen, um solche Probleme zu verhindern?
2 Was hat die Versicherungsfirma Western Provident nach dem Verleumdungsfall bekommen?

9 Warum in aller Welt?

27 Das Wetter

Vokabeln und Bemerkungen

die Wettervorhersage (-n)   *weather forecast*
das Hoch   *high pressure area*
das Tief   *low pressure area*
schwül   *humid, close, muggy*
empfehlenswert   *to be recommended*
die Bewölkung (-en)   *cloud cover*
das Gewitter (-)   *thunderstorm*
das Stickstoffdioxid (-e)   *nitrogen dioxide*
das Schwefeldioxid (-e)   *sulphur dioxide*
gering   *small, low*
zulässig   *permitted*

Hören Sie sich die Wettervorhersage an.

Aufgabe 1

Füllen Sie die Tabelle mit Informationen aus dem Hörtext aus.

	Vormittag	**Mittag bis Abend**	**Temperaturen**
Südbayern	...(1)...	...(3)...	...(5)...
	...(2)...	...(4)...	
Alpengebiet	...(6)...	...(8)...	
	...(7)...		
	Luft	**Schwefel- und Stickstoffdioxid**	**Ozon**
Biowetter	...(9)...	...(10)...	...(11)...

20

28 Atommülltransporte

Vokabeln und Bemerkungen

der Atommülltransport (-e) *nuclear waste transporter*
die Öffentlichkeit (-en) *public*
der Gegner (-) *opponent*
die Wiederaufbereitungsanlage (-n) *reprocessing plant*
heimlich *secretly*
ohne großen Aufwand *without much ado*
gelingen (Dat.) *to succeed*
der Castor-Transport (-e) *nuclear waste transporter*
das Atomkraftwerk (-e) *nuclear power station*
zusichern *to make assurances*

die Entgleisung (-en) *derailment*
strahlend *here: radioactive*
die Fracht (-en) *freight*
tatsächlich *in fact, indeed*
örtlich *local*
der Strahlenopfer (-) *radiation victim*
versorgen *treat, look after*
die Behörden (Pl.) *authorities*
die Sicherheitsvorkehrung (-en) *precautionary measures*
ausreichend *adequate, satisfactory*
zusätzlich *additional*
nach Ansicht *in the opinion of*

Hören Sie sich den ersten Teil des Beitrags an.

Aufgabe 1

Bringen Sie die folgenden Sätze in die Reihenfolge, in der sie in dem Beitrag auftauchen

a Die Deutsche Bahn hat radioaktives Material aus Nord- und Süddeutschland transportiert.
b Es gab neulich einen Unfall an der Grenze zu Frankreich.
c Aus strategischen Gründen gibt die Polizei den Gegnern einen Atommülltransport zum Blockieren.
d Die Stadt Frankfurt meint, daß solche Transporte für die Einwohner zu risikoreich sind.
e Andere Transporte rollen heimlich zu den Wiederaufbereitungsanlagen in Frankreich und Großbritannien.
f Die Deutsche Bahn hatte versprochen, keine Atomzüge mehr über Frankfurt zu erstatten.
g Greenpeace ist es gelungen, einen Atommüllzug zu fotografieren.

Hören Sie sich nun den zweiten Teil des Beitrags an.

Aufgabe 2

Beantworten Sie folgende Fragen auf deutsch. Der Anfang Ihrer Antwort wird jeweils angegeben.

1 Nach Auffassung von Greenpeace, worin liegt bei solchen Transporten die größte Gefahr?
 Die größte Gefahr liegt in ...
2 Was würde passieren, wenn es tatsächlich zu einem radioaktiven Unfall käme?
 Die Strahlenopfer wären vom örtlichen ...
3 Wie ist die Stadt Frankfurt auf solche Unfälle vorbereitet?
 Die Krankenhäuser haben ...
4 Wie reagieren die Behörden auf die Kritik von Greenpeace?
 Sie behaupten, die Sicherheitsvorkehrungen seien ...
5 Nach Ansicht der Behörden, warum ist es sicherer, Atommüll heimlich zu transportieren.
 Ansonsten würden Demonstranten ...

29 Windkraft

Hören Sie sich den Beitrag an.

Aufgabe 1

Bringen Sie die folgenden Sätze in die Reihenfolge, in der sie im Hörtext auftauchen.
- a Es gibt genug Wind in Baden-Württemberg und rund 800 mögliche Standorte.
- b Man hat kein so großes Verständnis für alternative Energieformen in Europa.
- c Der durch Windrotoren erzeugte Strom ist umweltfreundlich.
- d Windkraftbefürworter haben einen Interessenverband gegründet.
- e Windrotoren sind zu groß und häßlich für die Landschaft.
- f Windkraftanlagen könnten indirekt neue Arbeitsplätze schaffen.
- g Dänemark ist ein wichtiger Hersteller von Windkraftanlagen.
- h Windkraftanlagen sind nicht wirtschaftlich.
- i Baden-Württemberg hat weniger Windkraftanlagen als alle anderen Bundesländer.
- j Am Anfang haben die Naturschützer gegen Windkraftwerke gekämpft

Aufgabe 2

Fassen Sie nun die im Text erwähnten Meinungen der Befürworter und Gegner von Windkraftwerken zusammen.
1 Die Befürworter [3]
2 Die Gegner [2]

10 Alle Menschen sind gleich ...

30 Überfälle an der Ostsee

Vokabeln und Bemerkungen

fremdenfeindlich, ausländerfeindlich   *racist, xenophobic*
der Übergriff (-e), der Überfall (¨-e)   *attack*
zunehmen   *to increase*
die Gewalttat (-en)   *act of violence*
sich häufen   *to occur increasingly*

Hören Sie sich den Beitrag an.

Aufgabe 1

Welche Antwort ist textgemäß richtig, a oder b?
1 a Es gibt immer mehr Unfälle auf Campingplätzen in Ostdeutschland.
   b Eine Ostseeinsel ist das regionale Zentrum ausländerfeindlicher Überfälle.
2 a Die örtliche Polizei hat bisher 200 Akten registriert.
   b Die örtliche Polizei hat mehr als 200 Fälle registriert.
3 a Die meisten Jugendlichen in Mecklenburg-Vorpommern sind für die Überfälle verantwortlich.
   b Die Verantwortlichen sind in den meisten Fällen Jugendliche.
4 a Auf mehreren Zeltplätzen hatten Neonazis Touristen geschlagen, um Geld zu erbeuten.
   b In acht Fällen hatten Neonazis Touristen überfallen, um Geld zu erbeuten.

31 Abtreibungsdebatte

Hören Sie sich den ersten Teil des Beitrags an.

Aufgabe 1

Beantworten Sie folgende Fragen auf deutsch.
1. Welches neue Argument gegen den Schwangerschaftsabbruch hat eine Forschergruppe neulich geliefert?
2. Warum könnte diese Entdeckung für die Medizin eine Überraschung sein?
3. Was werden viele Ärzte zukünftig bei einem Schwangerschaftsabbruch einsetzen, wenn diese Forschungsergebnisse bestätigt werden.

Hören Sie sich nun den zweiten Teil des Beitrags an.

Aufgabe 2

Ergänzen Sie die Zusammenfassung dem Beitrag gemäß. Sie dürfen Wörter aus dem Originaltext benutzen, wenn sie am besten passen.

Die Forscher haben mit einer ...(1)... die Konzentration von Cortison bei ...(2)... gemessen. Cortison ist ein ...(3)... , das der Körper bei ...(4)... vermehrt ausschüttet. Die Ärzte haben ...(5)... , daß bereits in der zehnten Schwangerschaftswoche Föten auf den Einstich einer ...(6)... reagieren. Die Cortison-Werte waren deutlich ...(7)... .

Für ...(8)... ist das ein zusätzliches Argument, daß man das ...(9)... Abtreibungsrecht in Großbritannien, Deutschland und ...(10)... verändern soll.

11 Damals ...

32 Nazi-Gold

Vokabeln und Bemerkungen

die Beute *spoils of war*
besetzt *occupied*
die Währung (-en) *currency*
es auf etwas absehen *to have one's eye on something*
ehrgeizig *ambitious*
der Feldzug (¨-e) *military campaign*
verschlingen *to consume, devour*
die Unmenge (-n) *enormous quantity*
das Vermögen (-) *fortune*
der Goldbarren (-) *gold bar, ingot*
ursprünglich *originally*
die Befreiung (-en) *liberation*
vertuschen *to hush up*
einschmelzen *to melt down*
mit LKW *by lorry*
die Kaserne (-n) *barracks*
in Bedrängnis geraten *to get into difficulties*
abgelegen *remote*
fehlen *to be missing*
penibel genau *painstaking*
der Kamin (-e) *fireplace, chimney*
der Verdacht *suspicion*
Selbstmord begehen *to commit suicide*
die Bergfestung (-en) *mountain fortress*

11

Hören Sie sich den ersten Teil des Beitrags an.

Aufgabe 1

Ergänzen Sie die Zusammenfassung dem Text gemäß. Sie dürfen Wörter aus dem Original benutzen, wenn sie am besten passen.

Ein Teil der Strategie Hitlers, seinen ...(1)... zu finanzieren, waren die Beutezüge durch die ...(2)... der ...(3)... Staaten. Aus deren ...(4)... stahlen die Nazis Währungsreserven in Form von ...(5)... in Milliardenhöhe. Bis ...(6)... hatten sie aber nicht alles ausgegeben: ...(7)... Goldbarren im Wert von rund ...(8)... und mit ...(9)... und SS-Runen versehen lagern seit ...(10)... in der Bank of England.

Hören Sie sich nun den zweiten Teil des Beitrags an.

Aufgabe 2

Erzählen Sie die Geschichte der beiden Goldbarren, indem Sie die folgenden Sätze in die richtige Reihenfolge bringen.

- a Erst acht Jahre später kamen die Goldbarren nach London.
- b Gegen Ende des Dritten Reichs wurden die Goldbarren nach Bayern gebracht.
- c Nach der Befreiung Frankreichs brachten die Nazis das Gold nach Berlin.
- d Die Amerikaner brachten das Gold nach München, wo es bis 1988 lagerte.
- e Die zwei Goldbarren wurden im Kamin des Offizierkasinos versteckt.
- f Das Gold wurde eingeschmolzen.
- g Das Gold gelangt zu Hitlers Bergfestung in Berchtesgaden.
- h Den Barren wurde ein Stempel der Deutschen Reichsbank aufgedrückt.
- i Die Goldbarren wurden von Belgien nach Frankreich transportiert.
- j Das Gold wurde auf einer Kegelbahn in Mittenwald untergebracht.

33 Baron von Trapp

Hören Sie sich den Beitrag an.

Aufgabe 1

Welche Aussagen sind textgemäß richtig (✔) und welche sind falsch (✘)?

1. Sechzig Jahre lang wußte Österreich nichts von Baron von Trapps Einsatz gegen Hitler.
2. Baron von Trapp wurde in Amerika begraben.
3. 1938 wurden die deutschen Truppen in Wien freundlich empfangen.
4. Baron von Trapp war U-Bootoffizier bei den Nazis.
5. Nur ein Mitglied der Familie von Trapp ist in Österreich zurückgeblieben.
6. Der Film über die Familiengeschichte der von Trapps wurde 1956 gedreht.
7. Offiziell war der Film eine Zeitlang in Österreich verboten.
8. Erst nach 50 Jahren hat die österreichische Regierung den toten Baron geehrt.
9. Das neue Österreich will mit der unschönen Vergangenheit abschließen.
10. Für Johannes von Trapp, den jüngsten Sohn, kam die Anerkennung zu spät.

Von mir aus ... 12

34 Parteienstreit um die Wehrpflicht

Vokabeln und Bemerkungen

F.D.P. (Freie Demokratische Partei) *Free Democrats (= Liberal)*
CDU (Christlich-Demokratische Union) *Christian Democrats (= Conservative)*
die Bestrebung (-en) *attempt, endeavour*
die Wehrpflicht/der Wehrdienst *military service*
abschaffen *to abolish*
zeitgemäß *in keeping with the times*
kostengünstig *cost-effective*
die Umfrage (-n) *survey, opinion poll*
die Mehrheit (-en) *majority*

kein gutes Haar an etwas lassen *to pull sth. to pieces*
der Verteidigungsminister (-) *Minister for Defence*
der Einsatz (¨e) *deployment*
ändern *to change*
der Irrweg (-e) *mistake, wrong path*
umstritten *controversial*
der Außenminister (-) *Minister for Foreign Affairs*
etwas (Dat.) in nichts nachstehen *to be in every respect equal to sth.*
amtierend *incumbent, in office*
die Beibehaltung (-en) *retention*

Hören Sie sich den ersten Teil des Beitrags an.

Aufgabe 1

Wer vertritt folgende Meinungen im Hörtext? Kreuzen Sie die richtigen Felder an.

A Teile der F.D.P.
B CDU/Helmut Kohl
C nicht im Text erwähnt

		A	B	C
1	Die Wehrpflicht soll auf keinen Fall abgeschafft werden.	❏	❏	❏
2	Die Waffensysteme sind heute zu kompliziert für die Ausbildungszeit.	❏	❏	❏
3	Eine Berufsarmee ist wirksamer und wirtschaftlicher.	❏	❏	❏
4	Das Volk soll bestimmen. Eine Umfrage zu diesem Thema soll durchgeführt werden.	❏	❏	❏
5	Wehrdienstsoldaten haben nicht genug Zeit für eine richtige Ausbildung.	❏	❏	❏
6	Die Bundeswehr ist ein wichtiger Teil der Demokratie Deutschlands.	❏	❏	❏
7	Die Wehrpflicht ist heute altmodisch.	❏	❏	❏
8	Jährlich wären zehntausend junge Männer ohne den Wehrdienst arbeitslos.	❏	❏	❏

Hören Sie sich nun den zweiten Teil des Beitrags an.

Aufgabe 2

Fassen Sie kurz in direkter Rede die Meinungen der folgenden Politiker zu diesem Thema zusammen. Der Anfang Ihrer Antwort wird jeweils angegeben.

1 Der Verteidigungsminister sagte: „Die Bundeswehr ..."
2 Ex-Außenminister Genscher sagte: „Die Bundeswehr ..."
3 Der amtierende F.D.P.-Außenminister sagte: „Ich bin für ..."

25

35 Neue EU-Länder

Vokabeln und Bemerkungen

die Mitgliedschaft (-en) *membership*
das Ziel (-e) *goal, aim, target*
bekanntgeben *to make public, announce*
der Beitritt (-e) *entry*
verhandeln mit (Dat.) *to deal, negotiate with*
ablehnen *to turn down, refuse*
die Bewerbung (-en) *application*
das Wirtschaftswachstum *economic growth*
das Bruttoinlandsprodukt *gross national product (GNP)*
verschuldet *in debt*
im Agrarsektor *in agriculture*
der Zuschuß (¨sse) *subsidy*
die Subvention (-en) *subsidy*
sich aussöhnen mit (Dat.) *to become reconciled with*
vorbildlich *in exemplary fashion*
die EU-Richtlinie (-n) *EU guideline*
die Milliarde (-n) *billion (thousand million)*

Hören Sie sich den ersten Teil des Beitrags an.

Aufgabe 1

Beantworten Sie folgende Fragen dem Text gemäß auf deutsch.
1. Was ist eines der wichtigsten Ziele aller osteuropäischen Länder?
2. Warum sind einige Staaten – z.B. Bulgarien, Rumänien, Lettland – mit der EU-Kommission unzufrieden?

Hören Sie sich nun den zweiten Teil des Beitrags an.

Aufgabe 2

Füllen Sie die Lücken in diesen Tabellen mit Daten aus dem Hörtext aus.

	positive Aspekte	negative Aspekte
Polen	...(1)...	...(3)...
	hohes Wirtschaftswachstum	...(4)...
	...(2)...	zu viele Subventionen im Agrarsektor
Zypern	gute Wirtschaftswachstumsraten	...(6)...
	Vollbeschäftigung	
	...(5)...	
Tschechien	florierende Wirtschaft	
	...(7)...	
	...(8)...	
	wichtigsten EU-Richtlinien erfüllt	
Ungarn	fast alle EU-Richtlinien erfüllt	
	...(9)...	
	...(10)...	

Aufgabe 3

Beantworten Sie folgende Frage auf deutsch.
Wie wird die EU die sogenannten Anwärterstaaten auf das Niveau der übrigen Mitgliedsstaaten bringen?

12–13

36 Bosnische Bürgerkriegsflüchtlinge

Hören Sie sich den ersten Teil des Beitrags an.

Aufgabe 1

Beantworten Sie folgende Fragen auf deutsch.
1. Seit wann wohnt das Ehepaar in Mainz?
2. Beschreiben Sie die Wohnung, die die Stadt ihnen zur Verfügung gestellt hat. [3]
3. Warum sind sie nach Deutschland geflohen?
4. Warum sollen aus Perspektive der Bundesländer die Besaras jetzt nach Bosnien zurück? Geben Sie zwei Gründe an. [2]
5. Was bieten die Bundesländer den Rückkehrern an?
6. Wofür haben sich 65 000 Bürgerkriegsflüchtlinge entschieden?
7. Nennen Sie drei Beispiele, warum die Flüchtlinge eine ungewisse Zukunft erwarten. [3]
8. Was ist das Problem beim Wiederaufbau Bosniens, laut UN-Beobachtern? Geben Sie ein Beispiel an.

Hören Sie sich nun den zweiten Teil des Beitrags an.

Aufgabe 2

Welche Aussagen sind textgemäß richtig (✔) und welche sind falsch (✘)?
1. Jeden Tag berechnen die Besaras die Kosten ihrer Abschiebung.
2. Weil sie keine Kinder haben, sind sie als erste an der Reihe.
3. Weil Herr Besara den Kriegsdienst verweigert hat, ist sein Haus zerstört worden.
4. Herr Besara wird als Kriegsgegner in Bosnien gesucht.
5. Herr und Frau Besara sind beide aus dem serbischen Teil Bosniens.
6. Ihre Heimatstadt liegt zwischen den Fronten.

13 Unter dem Einfluß ...

37 Fingerabdruck für Fahrräder

Vokabeln und Bemerkungen

die Zusammenarbeit (-en)   *co-operation*
diebstahlsicher   *theft-proof*
das Gestell (-e)   *frame*
speichern   *to store, save*
abschrecken   *to deter*
klauen   *to steal, pinch*

Hören Sie sich den Beitrag an.

Aufgabe 1

Beschreiben Sie, in welchem Zusammenhang die folgenden Buchstaben bzw. Zahlen genannt werden.
1. ADFC heißt auf deutsch ...
2. DM 20 kostet ...
3. 9000 ist die Zahl ...

38 Zwischenfall am Kölner Dom

Vokabeln und Bemerkungen

die Polizei verständigen	to call the police	die Ausnüchterungszelle (-n)	police cell (for drunks)
im Gegensatz zu (Dat.)	in contrast to	erleiden	to suffer, sustain

Hören Sie sich den Beitrag an.

Aufgabe 1

Welche Antwort ist textgemäß richtig, a oder b?
1. **a** Das Ereignis ist in der Frühe am Mittwoch passiert.
   b Das Ereignis ist spät am Mittwochabend passiert.
2. **a** Der Mann versuchte, mit seinen Autoschlüsseln die Domtür aufzuschließen.
   b Der Mann versuchte, mit seinem Auto die Domtür zu durchbrechen.
3. **a** Der Wagen hat schwere Schäden erlitten.
   b Das Domportal hat schwere Schäden erlitten.
4. **a** Die Polizei hat festgestellt, daß der Mann einfach den Dom besichtigen wollte.
   b Der Mann wird seine Tat erst später erklären können.

39 Lebensmittelvergiftung

Vokabeln und Bemerkungen

vergiften	to poison	sicherstellen	to recall, take into possession
der Erpresser (-)	blackmailer	die Giftspur (-en)	trace of poison
umgehend	straightaway, immediately	die Vergangenheit (-en)	past
räumen	to clear	fähig sein	to be capable
die Spur (-en)	trace, sign	unterdessen	in the meantime
der Täter (-)	criminal	der Verbraucher (-)	consumer
ähnlich	similar	kein Anlaß	no reason, no grounds
die Drohung (-en)	threat		

Hören Sie sich den ersten Teil des Beitrags an.

Aufgabe 1

Füllen sie die Lücken aus. Verwenden Sie die Wörter aus dem Originaltext.

Der …(1)… Nestlé wird erpreßt. In einem …(2)… behaupten Unbekannte, Produkte Nestlés und seines …(3)… Thomy in 50 Läden …(4)… zu haben. Nach …(5)… der Polizei nannten die Erpresser die Läden namentlich; sie liegen in …(6)… Städten über die ganze Bundesrepublik verteilt. Nestlé reagierte …(7)… und ließ seine Produkte aus den …(8)… räumen. Sie wurden durch …(9)… ersetzt. Von den Tätern fehlt bisher jede …(10)… .

Hören Sie sich nun den zweiten Teil des Beitrags an.

Aufgabe 2

Beantworten Sie folgende Fragen auf deutsch.
1. Warum wurden letztes Jahr im April Mayonnaisetuben sichergestellt?
2. Welche Schlußfolgerung hat die Polizei gezogen?
3. Was haben Analysen beim aktuellen Erpressungsversuch ergeben?
4. Warum nimmt die Polizei diesen Erpressungsversuch sehr ernst?
5. Welche Maßnahmen hat die Polizei getroffen, damit besorgte Verbraucher sich informieren können?

40 Deutschlands Verbrecherhauptstadt

Vokabeln und Bemerkungen
der Mord (-e)   *murder*
schwere Körperverletzung (-en)   *grievous bodily harm*
der Raubüberfall (¨e)   *mugging*
der Wohnungseinbruch (¨e)   *breaking and entering*
die Straftat (-en)   *criminal act*
das Delikt (-e)   *offence*
die Wirklichkeit verzerren   *to distort the truth*
der Pendler (-)   *commuter*
loben   *to praise*
die Aufklärungsquote (-n)   *percentage of crimes solved, success rate*
der Brandanschlag (¨e)   *arson attack*

Hören Sie sich den ersten Teil des Beitrags an.

Aufgabe 1
Welche Aussagen sind textgemäß richtig (✔) und welche sind falsch (✘)?
Laut der statistischen Jahresbilanz der Frankfurter Kriminalpolizei …
1 gab es in Frankfurt etwa 4 Verbrechen pro Minute.
2 war Frankfurt dreimal hintereinander die Stadt mit den meisten Verbrechen in Deutschland.
3 gab es 65 Tötungsdelikte.
4 gab es 5414 Brandanschläge auf Wohnungen.
5 gab es 4000 mehr Fälle als im vorigen Jahr.
6 war Magdeburg an zweiter Stelle in der Verbrechensstatistik.

Hören Sie sich nun den zweiten Teil des Beitrags an.

Aufgabe 2
Beantworten Sie folgende Fragen auf deutsch.
1 Welche drei Gründe werden für die hohe Kriminalitätsrate in Frankfurt gegeben? [3]
2 Auf welche Statistik kann Herr Öhm stolz sein?

41 Volltanken

Hören Sie sich den Beitrag an.

Aufgabe 1
Sind folgende Behauptungen richtig (✔) oder falsch (✘)?
1 Das Flugzeug mußte auf einer Autobahn notlanden.
2 Die Piloten wußten nicht, daß es eine Tankstelle in der Nähe gab.
3 Die niederländischen Polizisten haben nicht gesehen, wie das Flugzeug landete.
4 Die Piloten durften volltanken und weiterfliegen.
5 Für die Notlandung müssen die Piloten mit einer Geldstrafe von etwa DM 2700 rechnen.

14 Drück dich aus!

42 TV-Vorschau

Vokabeln und Bemerkungen

der Verfall   *decline*
Venedig   *Venice*
die Adria   *Adriatic Sea*
die Hochwassersirene (-n)   *flood-warning siren*
kämpfen   *to fight*
ZDF (Zweites Deutsches Fernsehen)
der Mörder (-)   *murderer*
der Hauptverdächtige (adj. noun)   *chief suspect*
atemberaubend   *breath-taking*
die Einlage (-n)   *interlude*
größenwahnsinnig   *megalomaniac*
machtbesessen   *power-obsessed*
das Programm (-e)   *TV channel*

Hören Sie sich den Beitrag an.

Aufgabe 1

Füllen Sie die Lücken in der Tabelle aus.

Programm	Uhrzeit	Titel der Sendung	Zusammenfassung
ZDF	...(1)...	...(2)...	Eine ...(3)... über den ...(4)... Venedigs, wo im ...(5)... das Wasser oft ...(6)... steht. Doch die Venezianer kämpfen ...(7)... um ihre Stadt.
...(8)...	...(9)...	...(10)...	Der vorletzte ...(11)... von Alfred Hitchcock aus dem Jahr ...(12)... handelt von einem ...(13)... . Der Hauptverdächtige ist ...(14)... , nur: er kann das nicht ...(15)... .
...(16)...	...(17)...	Citizen Kane	Einen Oskar bekam der ...(18)...jährige Orson Wells für das ...(19)... seines ersten Films. Das Thema: Die Geschichte des amerikanischen ...(20)... , William Hurst.

43 Leni Riefenstahl

Hören Sie sich den ersten Teil des Beitrags an.

Aufgabe 1

Ergänzen Sie die Zusammenfassung dem Beitrag gemäß. Sie dürfen Wörter aus dem Originaltext benutzen, wenn sie am besten passen.

Über fünfzig Jahre nach Ende des ...(1)... hat Leni Riefenstahl, Hitlers beliebteste ...(2)... , eine Fotoausstellung in ...(3)... eröffnet. Ihre ...(4)... von einem Nuba-Stamm sind in Deutschland ...(5)... zu sehen. Nach dem zweiten ...(6)... hatte sie sich aufs ...(7)... spezialisiert. Aber ihre Nähe zu ...(8)... und den ...(9)... sorgt dafür, daß Demonstranten gegen die Ausstellung ...(10)... .

Hören Sie sich nun den zweiten Teil des Beitrags an.

Aufgabe 2

Fassen Sie die frühen Jahre der künstlerische Karriere Leni Riefenstahls zusammen. Achten Sie dabei auf folgende Stichwörter.
1. im Jahre 1902
2. die 20er Jahre
3. im Jahre 1932
4. im Dritten Reich
5. im Jahre 1935

Hören Sie sich nun den dritten Teil des Beitrags an.

Aufgabe 3

Beantworten Sie folgende Fragen auf deutsch.
1. Was behauptet Leni Riefenstahl auch heute noch in Bezug auf ihre Nazivergangenheit?
2. Wie erklärte sie ihre Arbeit für das Naziregime?
3. Welche Wirkung haben Hitlers Reden damals auf sie ausgeübt?
4. Was war das Thema ihres Dokumentarfilmes vom Jahr 1936?
5. Welche zwei Neuigkeiten hat Leni Riefenstahl in diesem Film erstmalig in der Filmgeschichte verwendet? [2]
6. Welche Kritik äußerten ihre Gegner an diesem Film?
7. Wo waren Leni Riefenstahls Portraitaufnahmen bis jetzt ausschließlich zu sehen?
8. Wie hat die offizielle Kulturkritik auf ihre Hamburger Ausstellung reagiert?
9. Was stand auf dem Transparent der Demonstranten?
10. Können die Ausstellungsbesucher die Bilder von Leni Riefenstahl kaufen?

15 Es liegt an uns!

44 Die Deutschen lieben ihre Kartoffeln

Vokabeln und Bemerkungen

beinahe   *almost*
die Ernährung   *nutrition, feeding*
der Gentechniker (-)   *gene technologist, genetic engineer*
die Knolle (-n)   *tuber, potato*
satt werden   *to eat one's fill*
der Ertrag (¨e)   *crop, harvest*
gar   *properly cooked, done*
der Hersteller (-)   *manufacturer*

Hören Sie sich den Beitrag an.

Aufgabe 1

Beantworten Sie folgende Fragen auf deutsch.
1. Warum haben deutsche Gentechniker sich bemüht, eine Riesenkartoffel zu entwickeln?
2. Welche Ausmaße haben die Knollen? Geben Sie zwei Details an. [2]
3. Warum ist diese Entwicklung kein wirklicher Erfolg? Nennen Sie zwei Gründe. [2]
4. Wer könnte sich dennoch für das neue Produkt interessieren?

45 Inter-City-Express

Vokabeln und Bemerkungen

leistungsstärker   *more efficient, more competitive*
der Hochgeschwindigkeitszug (¨-e)   *high-speed train*
die Schiene (-n)   *rail, track*
ausgerüstet   *equipped*
die Luftfederung (-en)   *pneumatic suspension*
auf Touren kommen   *to get up to top speed*
der Geschäftsreisende (adj. noun)   *business traveller*
verfügen über (Akk.)   *to have (at one's disposal)*
der Stromanschluß (¨-e)   *electric power point*
das Telefonat (-e)   *phone call*
verschieben   *to postpone*
der Schaffner (-)   *guard, ticket inspector*
die Bestellung (-en)   *order*
neugestaltet   *re-designed*
der Abteil (-e)   *railway compartment*
der Wickeltisch (-e)   *baby's changing table*
die Anzeige (-n)   *display board*
erfahren   *to learn, find out about*
die Umsteigemöglichkeit (-en)   *train connection/transport interchange*
die Verspätung (-en)   *late departure/arrival*

Hören Sie sich den ersten Teil des Beitrags an.

Aufgabe 1

Welche Aussagen sind textgemäß richtig (✔) und welche sind falsch (✘)?
Die neuen ICE-Züge ...
1   holen Menschen von der Straße ab.
2   erreichen das Ziel deutlich früher.
3   sind besser ausgerüstet als die alten.
4   fahren mit 280 Stundenkilometer deutlich schneller als die alten.
5   sind ruhiger als die alten.
6   sind leichter zu besteigen.
7   sind wegen des geringeren Energieverbrauchs umweltfreundlicher.
8   erreichen ihre Höchstgeschwindigkeit in weniger Zeit.

Hören Sie sich nun den zweiten Teil des Berichts an.

Aufgabe 2

Schreiben Sie eine Liste der Verbesserungen, die der neue ICE bietet ...
1   für den Geschäftsmann in der ersten Klasse; [5]
2   für Reisende in der zweiten Klasse. [3]

Hören Sie sich nun den dritten Teil des Beitrags an.

Aufgabe 3

Beantworten Sie folgende Fragen auf deutsch.
1   Welche Informationen können Reisende von den elektronischen Tafeln und Displays erfahren? [4]
2   Welche Verbesserungen wird die dritte ICE-Generation mit sich bringen?
3   Was ist das Konzept der Deutschen Bahn? [2]
4   Welchen Transportmitteln soll die Bahn zukünftig Konkurrenz machen? [2]